Dedicado a:

Por:

ENTRANDO EN LA
PROFUNDIDAD
DEL
Espíritu

ANTONIO M. FLORIDO CAMACHO

Autor: Antonio M. Florido Camacho
Edición y corrección de estilo: Vivian Jiménez
Fotografía del autor: Ángel A. Figueroa / Ángel Photo & Media
Portada y diagramación general: Euselandia Alcántara | ERASDG.
Editora: ERAS Disgraf, Llc. | MDConexiones. Llc., Miami, Florida

Este libro está disponible en formato electrónico - Amazon Kindle.
Impreso en los Estados Unidos de América.
Contacto con el autor: pastorantonioflorido@gmail.com
www.pastorantonioflorido.com

CONTENIDO

Estoy más que agradecido de
Dios por lograr este sueño tan
anhelado por muchos años.

A pesar de los desaciertos que
hubo en mi vida, pensé que no
se iba a lograr.

AGRADECIMIENTOS

Dedico este libro en especial a mi bella madre, Lourdes Camacho, quien siempre está ahí conmigo, mano a mano y ha creído en mí todo el tiempo. A mi padre, en la distancia, Antonio M. Florido Vázquez, quien me ha provisto de fortaleza y apoyo incondicional. A mi familia, que con sus oraciones y apoyo me han acompañado. Dios siempre posiciona personas clave en nuestra vida, que te levantan las manos, como le hicieron a Moisés en Éxodo 17:12, tienen que venir los Hur y Aarón a la vida nuestra, así ha sido. Mi gratitud para Erika Samot, mi primita adoradora de nuestra casa, quien estuvo detrás de mí estimulándome a escribir. A mi iglesia, Casa de Avivamiento Shalom, que ha sido mi fuente de inspiración con sus oraciones y apoyo para que pudiese lograr este hermoso libro. A Adam y María De la Cruz por su gran soporte incondicional, por ser mi motor, infundirme el ánimo y las palabras necesarias en los momentos en que más lo necesité; por ser quienes son y haberme transmitido la palabra certera en el momento correcto y creer en el ministerio. A Pedro Alexis Guadalupe, mi artista gráfico, por ser tan especial y una gran bendición en mi vida. A los pastores/Dres., Israel Figueroa y Sonia Navarro, quienes han visto este ministerio de una manera muy responsable e hicieron un gran aporte al mismo. Damos gracias a Dios por sus vidas y por ser, a la vez, mentores en el caminar por los ámbitos literario y ministerial. Doy gracias a Dios por Tim y Linda Hegwood, por creer en este proyecto. Su sensibilidad y sus permanentes palabras de afirmación para mi vida son parte de este trabajo. A Euselandia Alcántara, aunque realmente no tengo las palabras exactas para expresar mi gran agradecimiento por su asesoría y por el empeño puesto en la realización de este proyecto y para que tenga la calidad requerida. A todos los que de una manera u otra me han apoyado con la oración y palabras de aliento, gracias. Quiero expresar mi más profundo agradecimiento a todos ustedes, apreciados lectores, por estar ahí y tener mi libro en las manos, por colaborar y ser parte de esta gran bendición. Gracias por tu aportación y bendecirnos en gran manera. Oro para que seas impactado y puedas ayudar a otros con este libro.

Dios te bendiga mucho.

Pastor Antonio Manuel Florido Camacho

PRÓLOGO

Leer las experiencias de un colega pastor y que nos hable desde el corazón acerca de nuestro mejor amigo, el Espíritu Santo, siempre es un refugio de esperanza que nos convence aún más de que no estamos solos. No quedarnos con lo aprendido y compartirlo es más relevante aún, porque es fuente de generosidad para confrontarnos, consolarnos y también regalarnos una plataforma que vivifica y nos da herramientas de fe que nos fortalecen.

Así, nuestro buen amigo y hermano, el pastor Antonio Florido Camacho, nos regala este cofre de letras que encierra lo imperante y la obra redentora que el Espíritu Santo completa en cada uno de nosotros, no por nuestras fuerzas, sino por su amor; no por nuestro intelecto, sino por su Gracia, no por nuestro estatus social o nuestro nivel de espiritualidad, sino por su Favor.

Entrando en la profundidad del Espíritu contiene las fórmulas para que la relación con nuestro Padre Celestial se transforme en una duradera. Abrazar los momentos en que esta obra literaria nos refuerza el encuentro con el Espíritu Santo desde la libertad, la confrontación, desde el amor, desde el enfoque y desde la sanidad del alma son herramientas que nos capacitan para una vida cristiana equipada para evangelizar. Mirar el evangelismo como la misión más importante de cada cristiano es otro de los regalos que el libro provee, presentándolo como la Gran Comisión. ¡Qué enriquecedor y reconfortante es saber que cada ser humano que decide caminar y servir a nuestro amado Salvador tendrá como buen acompañante fiel al Espíritu Santo! Es una luz de esperanza que nos indica que no estaremos solos y que profundizar en su presencia y conocer su amor serán fuerzas para el camino y gozo para el corazón redimido por Cristo.

Escribir siempre es para un pastor la vía a través de la cual deja un legado a tantas personas a las que tenemos acceso desde nuestros espacios para que puedan alcanzar la transformación en Cristo Jesús. Hay que reconocer que somos siervos y que la Iglesia le pertenece al Señor; también es una esperanza que nos abriga desde el amor de Dios para que recordemos que toda la raza humana es su creación y él quiere que tengamos una vida llena de gozo y en plenitud.

Por eso, abrir la puerta para que el fruto del Espíritu Santo se manifieste en nosotros es más que necesario para tener una vida plena. En este libro encontrarás conceptos que te sumergirán en una profundidad en tu relación con el Espíritu Santo y que a la vez te impulsarán a organizar tus prioridades en el servicio a Dios. Mirar estos conceptos desde un punto de vista pastoral requiere de una planificación estratégica cada día, un plan de acción y una evaluación de resultados saludables porque, a fin de cuentas, eso es lo que todo pastor anhela, una Iglesia saludable.

Hablar del fruto del Espíritu Santo y llevarlo a una profundidad como la que establece esta joya literaria nos hace recordar cómo hemos integrado ese fruto en el diario vivir. En nuestra vida pastoral de 25 años hemos sido bendecidos y disfrutado del fruto del espíritu desde la vida interior, mediante el acercamiento a los demás y en el carácter; todo esto redunda en el fruto del amor. Si cada ser humano descubriera cómo el Espíritu Santo va fortaleciendo en nosotros este fruto y cuánta exquisitez hay en él, tendríamos menos conflictos con nosotros mismos y con otros, amaríamos más desde la esencia y la encomienda de Cristo y fuéramos más libres para adorar cada día de nuestro diario vivir.

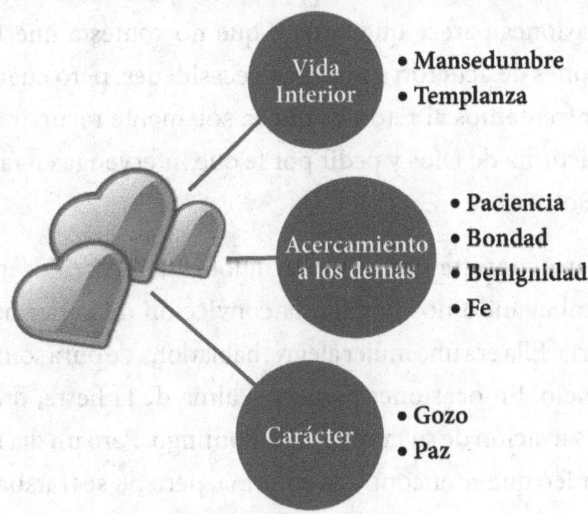

Cuando leas este libro entenderás cómo Antonio pone en perspectiva su experiencia con el Espíritu Santo y cómo se cumple lo que Jesús dijo que vendría, detrás de él, que es el consolador que nos recordará lo que él ha dicho. Este libro nos hace ver la obra del Espíritu Santo cerca de nosotros, es Dios en nosotros para bendecir el mundo y acercarlo a la salvación. En la vida pastoral hemos visto y escuchado a muchos enseñar acerca del Espíritu Santo y su obra en nosotros.

Sin embargo, pocos lo traducen a una vida práctica, como el pastor Antonio Florido, quien nos hace entender la importancia de profundizar en nuestras vidas con una experiencia con Dios que marque nuestra ruta diaria.

En la vida pastoral nos encontramos con la necesidad de nuestra gente, a la cual servimos, para ayudarlos a manejar sus frustraciones, alegrías y preocupaciones. Sabemos que Dios obra en nosotros desde su soberanía y que existe una teología sana donde nos apoyamos para entender que en ocasiones parece que tarda o que no contesta nuestras peticiones de acuerdo a nuestras necesidades, pero cuando nos enfrentamos al reto nos queda solamente recurrir a la misericordia de Dios y pedir por fe que intervenga en favor de nosotros.

Quiero contarte esta historia: hubo un momento en la pastoral cuando nos bendijo la convicción de la hermana Hungría. Ella era una mujer alegre, habladora, de pura sonrisa y servicio. En ocasiones parecía el alma de la fiesta, oraba por la salvación de su familia cada domingo. Pero un día nos comunicó que se encontraba enferma, pero no se trataba de cualquier enfermedad, era un cáncer avanzado que cada día causaba efectos nocivos en su cuerpo. Sin embargo, cada vez que llegaba al culto de oración levantaba sus manos, aún puedo cerrar los ojos como pastor y recordarla con sus manos levantadas y nosotros, conmovidos, pensábamos que pedía por su cuerpo, pero era todo lo contrario; su oración al cielo era por cada hermano, por su familia, por su hija y lo que menos hacía era orar por su sanidad.

Era poderoso ver esto en la congregación. Cada vez que esas manos se levantaban sentíamos la obra del Espíritu Santo de Dios en la vida de ella. Y ¿sabes?, nos invitaba a hacer lo mismo. La hermana Hungría se nos adelantó en el cielo, pero muchos años después continué predicando acerca del Consolador y la obra redentora en su vida y la salvación de una familia. Te invitamos a que profundices en la obra literaria que tienes frente a ti; sabemos que vas a percibir la presencia de Dios de forma práctica, como la sentíamos cada vez que esa hermosa mujer levantaba su mano para pedir la intervención del Espíritu Santo en quienes le rodeaban. No es tan solo por ti, es por toda una generación que será marcada por el poder de Dios a través de nuestro mejor amigo, El Espíritu Santo.

Por: *Dr. Israel Figueroa Pastrana,*
Dra. Sonia E. Navarro González

Pastores fundadores de Sensibilidad 101
(Puerto Rico y Latinoamérica)

Ministerio Matices de Mujer & Cuida tu Esencia
(Experiencia en la pastoral por los pasados 25 años, mediación de conflictos, consejería familiar e intervenciones en adicciones y asesoría organizacional).

PREFACIO

La iglesia del Siglo XXI atraviesa por momentos conmovedores. Se evidencia la gran necesidad de salir del estancamiento espiritual y efectuar el llamado de Dios en la tierra. Es hora de levantarnos y profundizar en el Espíritu Santo.

Este libro aborda la importancia y la eficacia de profundizar en el Espíritu Santo, de alcanzar una mayor intimidad con Dios. La intimidad brinda consuelo, el consuelo brinda deseo por las cosas del Reino de Dios y el deseo provoca acción. En él, el autor, el pastor Antonio Florido Camacho, proporciona escrituras, historias bíblicas e incluso experiencias personales para apoyar su convocatoria a Entrar en la Profundidad del Espíritu Santo.

Quizás piensas que profundizar en el Espíritu Santo es como mudarse a una tierra extranjera donde hay muchas incertidumbres. ¡No lo es! Es ahí donde la pasión en el corazón humano y la voluntad de Dios se alinean con el fin de sanar, de restaurar y de salvar almas.

Los principios pautados en estas páginas provocan el deseo ardiente por realizar el llamado que tiene la Iglesia bajo la sujeción al Espíritu Santo de Dios. Solo a través de la relación íntima con él, la Iglesia logrará su objetivo.

Por: *Tim y Linda Hegwood*

Ministerios:
- TLH Ministries, Inc.
  www.TLHMinistries.org
- Girlfriends Reunion
  www.GirlfriendsReunion.com
- www.LindaHegwood.com
- Segmento Del Consejo (radio and tv blog)
  SegmentoDelConsejo@LindaHegwood.com

Contacto: Info@TLHMinistries.org

INTRODUCCIÓN

Entrar en la profundidad del Espíritu es un tema muy abarcador que nos lleva a pensar dónde estamos y cuál es nuestra actitud ante Dios, en el que tocamos unos tópicos de gran relevancia de cara a la vida de la Iglesia de hoy desde un enfoque contemporáneo, con muchos avances tecnológicos que nos retan a utilizarlos para alcanzar más.

Este libro despertará un gran deseo de profundizar en el Espíritu. Es un tiempo en el que Dios convoca a que comencemos a entrar a sus aguas profundas.

Conozcamos los misterios que en ellas se encierran. Por algo, nuestro Maestro Jesús, antes de partir, en el Evangelio Según San Juan 14:12 nos dejó estas palabras tan poderosas: "Les aseguro que el que confía en mí hará lo mismo que yo hago. Y, como yo voy a donde está mi Padre, ustedes harán cosas todavía mayores de las que yo he hecho". Esto nos enseña que mayores cosas veremos que las que hizo nuestro maestro.

Entrar en la profundidad del Espíritu es adentrarse en lo más importante que debemos realizar como cristianos, es trabajar nuestra adoración, tanto en la intimidad con Dios como en la pública, nuestro testimonio, la integridad como persona y cómo nos reflejamos ante el mundo.

Entrar en la profundidad del Espíritu es llevar el mensaje de Salvación a otras personas que necesitan a Jesús. Es llevar el amor de Cristo y cumplir con la Gran Comisión convocada en el Evangelio Según San Marcos 16:15-16, cuando Jesús dijo:

"Vayan por todos los países del mundo y anuncien las buenas noticias a todo el mundo. Los que crean en mí y se bauticen, serán salvos. Pero a los que no crean en mí, yo los voy a rechazar".

Por otro lado, quiero señalar que parte de este proceso de adentrarnos en las profundidades del Espíritu implica grandes dificultades, pues te puedes quedar sin fuerzas, aun en las pruebas, pensarás que no podrás enfrentarlas y vienen consigo las luchas que crean incertidumbres en tu corazón. Es un proceso similar al de un nadador profesional que está acostumbrado a entrar a las profundidades, pero no espera nada, pues todo puede ser incierto. Piensas que ya todo se ha acabado. En este libro verás que no es así y que solo comienzas a entrar en la profundidad del Espíritu.

En este libro vamos a entrar en esas profundidades con tu vida devocional, leyendo la palabra diaria que trae consigo una revelación a tu corazón, y le dará guianza y dirección a tu vida. Será el norte que tanto estabas esperando.

Otro factor esencial para adentrarse en la profundidad del Espíritu es el Enfoque, este es la clave para caminar junto a Dios. Podrás escuchar y realizar el llamado que

Dios ha estado haciendo en tu vida, no das vueltas y tumbos a ciegas. En mi caso, por la terquedad, tardé unos 15 años para escucharlo, mas por la falta de Enfoque; recibí muchos golpes que pude haber evitado si hubiese hecho las cosas de la manera correcta. Sin embargo, la gracia multiforme de Dios siempre está presente y te alcanza en su misericordia. Hoy, ya estoy cumpliendo el llamado que él me hiciera a una pastoral diferente y no tradicional. Es por esta razón por lo que para mí resultó difícil asumir esta gran responsabilidad. Pero para esto me llamó Dios.

El Espíritu Santo está haciendo una labor muy especial hoy, cuando vemos muchas personas que han sido tocadas de manera sobrenatural, que decían en un momento dado que no iban a seguir, que nunca iban a pisar una iglesia. Él, de manera inigualable, que quizás no lo podemos explicar desde nuestra óptica humana, si no en lo sobrenatural de Dios, opera grandes cosas en cada corazón, crea en ellos una convicción y un deseo ardiente que ni se puede explicar. Ese es el trabajo del Espíritu Santo. Donde ningún hombre puede llegar, el sí puede, a los lugares más recónditos del alma.

Allí trabaja en su sanidad del alma, luego, viene el deseo ferviente de adentrarse en la presencia de Dios y, por consiguiente, la persona comienza a entrar en la profundidad del Espíritu, donde empieza a recibir el verdadero amor de Cristo y el gozo de la Salvación en su vida. Dejemos que el Espíritu Santo haga su trabajo y veremos la obra de Dios de manera súbita. Hemos visto a muchas personas que han sido impactadas por el Espíritu Santo, que luego no quieren volver jamás atrás, ya que experimentaron lo más grande de su vida, la verdadera libertad en Cristo Jesús. Lo vemos en Gálatas

5:22-25, lo que el Espíritu produce es amor, alegría, paz, paciencia, amabilidad, bondad, fidelidad, humildad y dominio propio. Contra tales cosas no hay ley. Y los que son de Cristo Jesús, ya han crucificado la naturaleza del hombre pecador junto con sus pasiones y malos deseos. Si ahora vivimos por el Espíritu, dejemos también que el Espíritu nos guíe.

Entrar a la profundidad del Espíritu es entrar a la sanidad total. Hoy, muchas personas sufren de depresión y enfermedades incurables. Muchas de ellas salen del alma, de áreas de tu vida que no han trabajado ni han canalizado de una manera correcta, quizás han guardado un silencio, llevan un dolor profundo dentro de su corazón, corajes, frustraciones, problemas sin resolver y tienen miedo al qué dirán, todo lo cual conduce a una cautividad en el alma.

Todo eso puede reflejarse más adelante en enfermedades insospechadas, aun tratándose de personas sanas físicamente. También pueden manifestarse en trastornos psicológicos o psiquiátricos. No obstante, hay aspectos importantes en los que se puede trabajar para lograr la sanidad total. Más adelante hablaremos más ampliamente sobre este tema.

Este libro enmarcará tu vida y te dará unas herramientas con las que podrás trabajar en tu diario vivir; comenzarás a entrar en la profundidad del Espíritu Santo. Verás la victoria en tu alma, sentirás una libertad total y completa en tu vida.

CAPÍTULO 1

Haremos cosas mayores

Cuando nos adentramos en
las profundidades del Espíritu,
comenzamos a tener una
experiencia con Dios, que nos
catapulta a otro nivel.

Haremos
COSAS MAYORES

En estas páginas haremos planteamientos sobre las palabras poderosas que dejó Jesús en el Evangelio San Juan 14:12, cuando dijo: "Les aseguro que el que confía en mí hará lo mismo que yo hago. Y, como yo voy a donde está mi Padre, ustedes harán cosas todavía mayores de las que yo he hecho". Esto nos enseña que veremos mayores cosas que las que hizo nuestro maestro. Cuando nos adentramos en las profundidades del Espíritu, comenzamos a tener una experiencia con Dios, que nos catapulta a otro nivel. Cuando tú decides dejar que el Espíritu Santo sea quien maneje tu vida, verás grandes obras de parte de Dios para ti, verás cosas que ni te imaginabas que iban a ocurrir, harás proezas y verás los prodigios que Dios tiene para tu vida, para exaltarlo a Él, y su gloria.

A través de los tiempos hemos visto cómo Dios se mueve de una manera poderosa, cómo las personas hacen grandes cosas para la expansión de su reino y cómo lo que hacen prospera. Esto ocurre cuando te vas adentrando en las profundidades. Es un proceso similar a cuando comienzas a bajar en un submarino y ves las maravillas que hay en lo profundo del océano, la belleza de la vida marina, algo distinto a lo que vemos en el diario vivir. Así pasa cuando entras a esta dimensión, tu óptica será distinta. No habrá más excusas, ya que sabes el propósito para el cual fuiste creado.

Harás cosas mayores de las que hizo Jesús, te crea un gran sentido de responsabilidad y esto, a su vez, un compromiso genuino, en el que tu trabajo ya es uno real y verdadero, donde todo comienza a salir como lo esperabas. Esto nos lleva a pensar que hemos visto grandes hombres y mujeres de Dios que evangelizaban a millares de personas, llevaban un mensaje de salvación y vida, se entregaban a los pies de Jesús. Otros eran sanados, había liberación, entre otros milagros. Pregunto: ¿Por qué hoy ya no vemos campañas como las cruzadas evangelísticas? ¿Qué ha pasado? ¿Dónde está la pasión, el creer por la fe que nos han conferido? Este mensaje de Jesús tiene vigencia hoy día, tenemos que volver a Él, porque nuestro país, nuestra ciudad y nuestra nación necesitan volver a Dios.

Te reto a que, uno a la vez, podamos hacer vivo este gran mensaje de Jesús: Haremos cosas mayores. A veces, les ponemos límites a nuestra humanidad. Tenemos que romper con esta práctica.

Quizás te dijeron alguna vez que no servías para nada, que nunca ibas a dar lo máximo, que algo que te proponías alcanzar era imposible para ti, que no creían en ti, que el llamado en tu vida no era real. A todo esto se les llama obstáculos que dificultan profundizar en la Presencia de Dios.

Los obstáculos presentan dos alternativas principales: te sirven para animarte, seguir demostrando que lo puedes hacer y que eres capaz o te estancan y destruyen tus sueños. Yo soy de los que no se detienen ante los obstáculos, sino, por el contrario, me motivan a seguir desarrollando lo que Dios me ha llamado a hacer para su propósito. Así, todo ojo verá las cosas mayores que has realizado por su Gracia.

Hoy, estás leyendo este libro y sé que te estás identificando con alguna situación que has vivido en determinada área de tu vida. En Josué 1:9 Dios te dice: "Yo te pido que seas fuerte y valiente, que no te desanimes ni tengas miedo, porque yo soy tu Dios, y te ayudaré por dondequiera que vayas".

Recién recibí un mensaje por WhatsApp de una amiga, pastora y colega, quien comenzó a decirme palabras de parte de Dios en el sentido de que iba a cumplir su propósito en mi vida, el llamado que Él había hecho para mí. Me dijo que, aunque el proceso fuera duro y fuerte, Dios iba a estar ahí, que solo mantuviera el enfoque en Él.

Fue interesante ver cómo Dios le habla a nuestra vida de una manera inusual. Esa amiga me envió un video musical con el tema "El Cielo es el límite". Lo escuchaba y me parecía ser parte de él, ya que describía muy bien lo que pasó en mi vida un tiempo atrás.

Quizás te has enfrentado a los temores y te ha acechado el miedo, pero recuerda que esto es solo parte del plan del enemigo para tratar de impedir que realices las cosas mayores que Jesús dispuso. Pero solo te digo que esto es de valientes, de guerreros, de los que saben luchar por sus bendiciones y que puedes creer lo que Dios te dijo, que Él lo cumplirá y que todos dirán que Dios es verdadero y real.

Habiendo conocido esta gran palabra ya debes estar haciendo el ejercicio de la planificación, estructuración, estrategia y acción.

Cuando hablamos de planificación, entramos a la parte creativa, desarrollar una idea, hacer el plan de trabajo. Esta etapa se oye quizás como parte de un trabajo o proyecto, puedes verlo así, ya que parte de lo que es Dios. Él es orden e innovación. Es la parte que Dios hace, actuar en la planificación, es donde se manifiesta su plan divino, lo adapta al plan natural. Por esto, cuando Dios asigna una misión, lo primero que viene consigo es la planificación para poder llevar a cabo el propósito para el cual has sido designado.

Dios es experto en creatividad y, por eso, muchas veces resulta sorprendente lo que Él hace y quizás nuestra mente finita nos limita a ver más allá de lo planificado.

La planificación y la estructuración son piezas claves para comenzar bien la realización de Cosas Mayores

Por otra parte, viene la estructuración, de aquí nacen la organización, el esquema, el orden para llevar a cabo el proyecto divino. Cuando la estructura entra en juego, muchas personas erran en las tareas, porque a veces nos pesa que nos impongan un orden, un sistema de trabajo. Por esto, muchos ministerios no se desarrollan de manera saludable y con estructuras firmes. Dios nos enseña en la palabra una parábola a través de Jesús en el Evangelio Según San Mateo 7:24-27 cuando dijo: "El que escucha lo que yo enseño y hace lo que yo digo, es como una persona precavida que construyó su casa sobre piedra firme. Vino la lluvia, y el agua de los ríos subió mucho, y el viento sopló con fuerza contra la casa. Pero la casa no se cayó, porque estaba construida sobre piedra firme. Pero el que escucha lo que yo enseño y no hace lo que yo digo es como una persona tonta que construyó su casa sobre la arena. Vino la lluvia, y el agua de los ríos subió mucho, y el viento sopló con fuerza contra la casa. Y la casa se cayó y quedó totalmente destruida".

Estas dos enseñanzas nos dicen que hay personas con diversidad de pensamiento y de estructuración. Si la estructura no está bien cimentada y firme se va como llegó. Por el contrario, si hay una estructura clara, segura, firme y fortalecida en Dios, no cabe duda de que, aunque venga la prueba más fuerte, permanecerá. Por esa razón, la planificación y la estructuración son piezas claves para comenzar bien la realización de cosas mayores. Con estas dos áreas bien fortalecidas podemos entrar a la estrategia y la acción, que van de la mano y están bien ligadas una a la otra. Aquí es donde entra la parte ejecutoria del proyecto que Dios te ha otorgado, en el que vas a poder llevar a cabo la totalidad de la misión que tienes en tu vida. Yo tengo una definición muy personal de la estrategia que es organizar una planificación intencional para el desarrollo de la idea que se accionará con el Poder del Espíritu Santo. Por eso Dios creará en ti una motivación, un gran deseo, una fuerza para generar una movilización hacia aquellos que te rodean, o sea, todo aquel que esté contigo en este proyecto será parte de una bendición depositada tanto en ti como el que está contigo. Espero que entiendas la magnitud de esto. Dios está dispuesto a estar contigo en todo momento y a hacer lo que le corresponde, que es accionar y te va a mover para que hagas cosas mayores que las que hizo Jesús.

Todo lo que has visto en este capítulo es parte de una obediencia total y de un sometimiento genuino y real hacia Dios. Ver realizado el llamado de Dios en tu vida trae consigo una satisfacción que te motivará a seguir

> *Los obstáculos presentan dos alternativas principales: te sirven para animarte, seguir demostrando que lo puedes hacer y que eres capaz o te estancan y destruyen tus sueños.*

y la causa de todo esto es que animarás a otro, por tu testimonio, de lo que DIOS hace contigo. Es precioso saber que la obra que Él comenzó en ti la habrá de perfeccionar.

Mis notas

Intimidad con Dios en la adoración

Cuando permites que tu
espiritu se adentre en la
profundidad del Espiritu
Santo, cuando experimentas el
poder sobrenatural de Dios
y sientes el gran avivamiento,
el fuego que te consume, no te
deja estar pasivo.

Intimidad con
DIOS EN LA ADORACIÓN

Adoración es sinónimo de verdadera entrega, una intensa pasión, es dar todo de ti, sin esperar nada a cambio. Cuando intimas con Dios es la verdadera acción que se ejecuta por medio de la oración, un canto espontáneo que sale de tu corazón, o sea, la actitud que reflejas hacia una búsqueda profunda y esto es lo que te lleva a adentrarte en la profundidad del Espíritu Santo.

Hoy día este acto no se ve tan a menudo, creo que es por causa de la comodidad y la conformidad. Ahora vemos que la adoración se ha vuelto más un espectáculo, donde nos convertimos en espectadores o en aspirantes a cantar muy lindo y que la música sea el componente de un concierto. Aclaro que me gusta la excelencia y que todo sea precioso, pero creo que no podemos permitir que este interés sea el centro de todo y lo principal para manifestar la adoración. El verdadero adorador es aquel que se humilla en la Presencia de Dios hasta lo sumo.

La adoración es un estilo de vida, es cómo te reflejas o te proyectas hacia los demás.

Hay unas cualidades que un adorador debe tener: humildad, sencillez, amor, paz, sensibilidad, pasión, dar testimonio, integridad y tener el corazón de Dios.

Un viaje que hice hacia la isla de Cuba me marcó e impactó mi vida de una manera particular. En esta isla tan amada y especial, pude palpar de una manera muy íntima la adoración a Dios. Fue real y genuino ver el corazón tan apasionado por buscar y adentrarse más en la presencia de Dios; ver el anhelo y el deseo de las personas que iban a cada culto, con ese gozo y alegría de entrar a la Presencia de Dios.

> *El verdadero adorador es aquel que se humilla en la Presencia de Dios hasta lo sumo.*

Pude ver en cada iglesia a los jóvenes, adultos y niños adorando en espíritu y verdad. Vi cómo concurría el motor de Dios en cada vida. Solo reflejaban humildad y sencillez ante los pies de Jesús. Vi cómo recibían el amor de Dios en sus vidas y eran impactados por su Presencia.

Estas cualidades para mí son muy importantes, pues se reflejan en la persona. El adorador lleva una gran responsabilidad en su vida en la que, sin mediar una palabra, ocurren cosas sobrenaturales. Hoy vemos cuántos ministerios se han levantado sobre la base de la adoración, pero tienen que entender que se trata de un estilo de vida. Siempre estarás adorando, todo el tiempo. Ahora viene la gran pregunta: ¿Y cómo puedo tener una vida de adoración? Cuando permites que tu espíritu se adentre en la profundidad del Espíritu Santo, cuando experimentas el poder sobrenatural de Dios y sientes el gran avivamiento, el fuego que te consume y no te deja estar pasivo. Comienzas a ser más activo y no puedes quedarte tranquilo, en otras palabras, empiezas a inquietarte por llevar la palabra a otros, a adorar sin tomar en cuenta el tiempo, a dedicar más de este a tu Padre, intimando en su Presencia. Comienzas a tener revelaciones de parte del Espíritu Santo. Comienzas a recibir la palabra de parte de Dios. Se activa el llamado en ti, que quizás estaba dormido o guardado. Este es el tiempo de levantar tus manos, de permitir que entres a la plenitud de su Presencia.

Es en este momento cuando pasan las horas y no te das cuenta, porque quieres adorar, vives las experiencias más profundas de su manifestación, sientes el gemido indecible; llega el momento en que ya no hablas más, sino que tu espíritu empieza a hablar de manera directa con el Espíritu Santo. Esto me recuerda la experiencia que tuve una noche de adoración en mi habitación. Se llenó de la Presencia de Dios y tan fuerte era que mi cuerpo no lo resistía. Ese día, recuerdo que solo lloraba, pero con un gran gozo que no puedo explicar, acompañado de una paz sin igual. Recuerdo que lo anhelaba más y más cada día. No quería que esta experiencia terminara, pues me enseñó que mi intimidad con Él debe ser continua.

Este tipo de vivencia nos lleva a andar por el Espíritu.

En Gálatas 5:25 se nos habla de que andemos por el Espíritu, lo que quiere decir que tenemos que vivir en rectitud, seguir las instrucciones, pues algo que pasa siempre es que tu vida la dirige DIOS. Ya en esta etapa hay una gran profundidad, donde solo te guías por lo que Él te dice, ya estás en una afinidad con el Espíritu Santo. Ahí comienzas a ver las maravillas de su poder.

El Espíritu Santo es tu mejor amigo. Cuando lo conoces de veras, no te quieres separar de ÉL.

Solo tienes que hablarle, buscarlo e intimar en su Presencia, donde hay plenitud de gozo, en donde sientes sus ríos de agua viva que corren por todo tu ser. Es vivir la experiencia carismática del Espíritu Santo, al hablar en otras lenguas, llorar de gozo, reír de alegría y sentir el fuego de su amor. Esto es el Espíritu Santo quien te profundiza en las aguas de su Presencia. Te enamoras más de Él. Es un tiempo de sanidad, hay reconocimiento de su autoridad, hay total liberación en tu vida.

Sé que al leer este capítulo las lágrimas corren por tus mejillas, sientes un abrazo tierno, un fuego que te consume. Esto es el Espíritu Santo, que se siente como una brisa suave con su silbido apacible.

Cuando intimas con Dios, sientes libertad y suceden cosas maravillosas. Es algo inexplicable que no se puede describir, pues solo lo logra el que vive esta gran experiencia. El salmista decía, en el Salmos 63:1-4 "Dios, Dios mío, eres tú; De madrugada te buscaré; Mi alma tiene sed de ti, mi carne te anhela, En tierra seca y árida donde no hay aguas, Para ver tu poder y tu gloria, Así como te he mirado en el santuario. Porque mejor es tu misericordia que la vida; Mis labios te alabarán. Así te bendeciré en mi vida; En tu nombre alzaré mis manos".

Ahí es donde viene a ti esta hambre y sed de Dios, donde lo deseas con todo tu corazón, donde comienzas a alabar, a reconocer quién es Él, cuando estás en este punto ya tu vida es de entrega, pasión, de libertad, sin presión alguna. Es cuando vienen las batallas, luchas, tú estás en paz y aún así sientes alegría y gozo dentro del proceso.

El Espíritu Santo es tu mejor amigo. Cuando lo conoces de veras, no te quieres separar de ÉL.

Recuerdo un día en que íbamos a iniciar el servicio de la iglesia. Unos minutos antes movimos nuestro automóvil hacia la orilla de la carretera para tener más espacio y, poco después, vino otro auto e impactó el nuestro. En ese momento pude reaccionar airado, con coraje, molesto por tal situación, pero ¿sabes qué?, ocurrió en mí lo contrario, había paz y se la transmití a todos los que estaban a mi alrededor e incluso a la persona que impactó el auto. Estas son situaciones donde se pone a prueba si realmente vives lo que practicas. Por eso es importante tener esta relación de intimidad con Dios que logras cuando te entregas por completo a Él.

Cuando sientes que no puedes con tu vida, que las fuerzas no dan para más, cuando crees que todo se ha acabado, que ya Dios no cuenta contigo, por el pecado tan grande que quizás cometes o has cometido, solo te digo que al estar en la intimidad con Dios, sentirás que las cadenas se rompen, encuentras libertad, perdón y restauración. Fue en una situación como esta cuando el salmista David pudo entender que había perdón y restauración en su vida, después de haber cometido el pecado y quedó en silencio por temor. En Salmos 32:3-5, dice: "Mientras callé, se envejecieron mis huesos en mi gemir todo el día porque de día y de noche se agravó sobre mí tu mano; Se volvió mi verdor en sequedades de verano. Mi pecado te declaré, y no encubrí mi iniquidad. Dije: Confesaré mis transgresiones a Jehová; Y tú perdonaste la maldad de mi pecado".

En este proceso de intimidad tú le abres tu corazón a Dios y eres transparente ante Él. Y te alcanzará la misericordia sobre tu vida. Serás una persona libre y podrás sentir el amor de Jesús en todo su esplendor y podrás gritar a viva voz: ¡Grande es Dios!

Mis notas

Mis notas

CAPÍTULO 3

Nos comisiona, somos embajadores

Somos embajadores.
Somos representantes del Reino
de Dios aquí en la tierra, y
portamos en nuestro ser al
Espíritu Santo, quien nos dirige
y nos lleva a su profundidad.

Nos comisiona
SOMOS EMBAJADORES

Como se expone en Mateo 28:19, "Por tanto, id, y haced discípulos a todas las naciones, bautizándolos en el nombre del Padre, y del Hijo, y del Espíritu Santo".

Esta es la gran comisión que nos han conferido como cristianos, una vez que has dado el gran paso de fe y hayas aceptado a Jesús como tu Salvador. Es ahí donde comienza tu jornada como un mensajero de esperanza y de paz, llevando a diferentes pueblos y naciones este gran mensaje de Salvación. Hoy día, hay muchos lugares que necesitan ser evangelizados. Esto me remonta a la mujer samaritana a la que Jesús le pidió de beber agua y que luego tuvo un diálogo con el maestro y fue impactada por su mensaje, cuando Él le mencionó que le daría agua que saltaría para vida eterna. Ella hizo algo extraordinario, a pesar de las diferencias que había entre los judíos y samaritanos, fue allí, en ese diálogo, que se rompió esa gran barrera de razas. Ella fue a su país, Samaria y llevó el mensaje de esperanza y de salvación.

Ella fue a cumplir con la Gran Comisión. Así tenemos que ser nosotros, tenemos que ir a nuestro país, nuestra ciudad, nuestro pueblo, nuestra calle y evangelizar. Estamos viviendo tiempos acelerados, tenemos que romper quizás con muchas diferencias, parámetros, diferencias étnicas y raciales, traspasar esas barreras que quizás nos limitan y nos infunden temor a continuar. Incluso hay momentos en que nos sentimos intimidados por el país y el gobierno, pero cuando vas con el respaldo de Dios, hay favor y gracia sobre ti, las puertas se abren y entras por el lugar. Verás que a través de ti muchas personas serán transformadas, podrán aceptar a Jesús en su corazón.

En mis años de infancia, en el campo donde me crié, tuve una hermosa experiencia. Sábado tras sábado había un rato de escuela bíblica en una iglesia, en el que se llevaba a cabo la gran misión de predicar la palabra de Dios. Pero, por otro lado, también en la marquesina de la casa unos cultos y/o servicios, como decíamos, con mis primos. Allí adorábamos a Dios con cánticos y yo llevaba una clase bíblica. Recuerdo muy bien cuando se acercaban familiares, se sentaban en los alrededores y escuchaban la palabra de Dios. No tenía ni idea de que todo esto era una preparación para un llamado pastoral que Dios me haría más tarde. Hoy, puedo decir que Dios me había separado para este propósito. Nos llama y luego viene la comisión.

> Tenemos que estar dispuestos a pagar el precio de cumplir la comisión.

Por eso, comisionar es igual a enviar, dar un mandato, una responsabilidad que recae sobre ti.

En otras palabras, te enviarán a cumplir un mandato para llevar a cabo una gran responsabilidad. Esto es sinónimo de Comisión.

Por eso hoy se realizan labores misioneras en ciertos lugares con la finalidad de impactar y efectuar diferentes tipos de trabajos, entre ellos, plantar nuevas obras, levantar centros de capacitación para preparar a nuevos obreros para el llamado misionero, otros serían para realizar labor médica o educativa, entre otras.

Hoy el misionero es quien realiza una labor apostólica, un trabajo fuerte que consiste en plantar, levantar, capacitar, supervisar, dejar el terreno listo, ya abonado y con las semillas sembradas, y luego recoger la cosecha de lo que viene u otros que vienen detrás se benefician de este trabajo.

Por otro lado, somos embajadores, en otras palabras, somos representantes del Reino de Dios aquí en la tierra, y portamos en nuestro ser al Espíritu Santo, quien nos dirige y nos lleva a su profundidad. Hoy debemos entender que es una gran responsabilidad llevar su mensaje y lograr que las vidas sean impactadas por el Amor de Dios.

"Los que sembraron con lágrimas, con regocijo segarán. Irá andando y llorando el que lleva la preciosa semilla; Más volverá a venir con regocijo, trayendo sus gavillas". Salmos 126:5-6.

Tenemos que llevar el calzado del apresto del evangelio de la paz. Hoy por hoy estamos muy cómodos en donde estamos y necesitamos salir de las cuatro paredes del templo y difundir el mensaje de esperanza. Tenemos que estar dispuestos a pagar el precio de cumplir la comisión. Seamos embajadores dignos de admirar y de responder a Dios: heme aquí, envíame a mí. Y hagamos el trabajo de hacer la misión y evangelizar con las buenas nuevas que traen gozo a todo aquel que escucha la palabra de Dios.

A propósito de la Gran Comisión, desde hace algún tiempo el mundo ha sido impactado por la pandemia del coronavirus, que ha traído consigo unas consecuencias muy drásticas, tales como innumerables muertes y personas infectadas, confinamiento y distanciamiento social. Lo que se conocía como "cuarentena", es decir, un periodo de 40 días, se ha convertido en meses y aún no se sabe cuándo terminará este proceso. Sin embargo, en lo personal confieso que he disfrutado este período, pues han sido los momentos más productivos de mi vida y en los que he visto la mano de Dios obrar en ella y en las de muchas personas. Me ha tocado ver cómo se levantan tantas personas e iglesias para llevar el mensaje de Cristo a través de las redes sociales. Ha sido una época sumamente gratificante. Sé que habrá quienes no estarán de acuerdo conmigo a este respecto, ya que a muchas personas el encierro les ha resultado muy opresivo y agobiante, pero les cuento que en el mes de marzo del 2020, en específico el martes 24 de marzo, recibí una orden del cielo para que realizara una jornada de 48 horas por las redes sociales, que comenzaría el siguiente jueves 26 de marzo. Imaginarás cómo quedó mi cabeza. Comencé a cuestionar a Dios y a preguntarle para qué quería esto, si todo el mundo estaba en las redes sociales y no había la necesidad, claro, este cuestionamiento salió de mi condición humana. De repente, oigo el otro mandato que me dice: "Si tan solo me obedeces, Yo te respaldaré". Estas palabras calaron muy profundamente en mi espíritu. Me llené de temor, entendido como ese respeto y reverencia que uno le tiene al Padre, fue entonces cuando tomé la gran decisión de entrar en acción y ahí llegó a mi corazón el tema de la Gran Comisión. Comenzamos esta gran iniciativa que nació del Corazón de Dios, él lo injertó en mi espíritu.

De esa manera comencé a llamar a personas que son ángeles y creyeron en esta iniciativa del Maratón 48H que hoy día es un ministerio internacional que con tan poco tiempo de fundado ha alcanzado a más de 60 países. Esta iniciativa aún continúa cumpliendo su propósito de llevar el mensaje de esperanza, fe, restauración y salvación.

La intención de mi oración es que tú seas impactado y sensible a la voz de Dios y puedas entrar en acción.

Doy gracias a Dios por obrar en mí y en muchas personas, por permitirme ver y escuchar testimonio de lo que Él está haciendo en cada vida. Como siempre he dicho, esto no se trata de mí, se trata de Él. Creo fielmente que Dios levantará personas en este período para que puedan hacer esta labor, pues nos está llamando y comisionando. Hoy, la intención de mi oración es que tú, que estás leyendo este capítulo, seas impactado y sensible a la voz de Dios y puedas entrar en acción, lograr que no estés más en estado de pasividad, sino que seas proactivo y marques la diferencia en el lugar donde vives. Me encantaría poder conocerte y escuchar lo que Dios te movió a hacer y realizar para expandir su reino. Eso será una gran bendición, poder dar a conocer las grandes cosas que Dios está haciendo en tu vida y en la de otros a través de ti. En Isaías 6:8, dice: "Y oí la voz del Señor que decía: ¿A quién enviaré, y quién irá por nosotros? Entonces respondí: Heme aquí; envíame a mí".   Esta debe ser nuestra respuesta, como dijo el Profeta Isaías: "Heme aquí, envíame a mí". Esto denota disposición y obediencia, creerle a aquel que te llamó, que te valida y te respalda, que hará grandes cosas cuando entres en la profundidad del Espíritu.

Mis notas

Mis notas

CAPÍTULO 4

Nos confronta

Dios está trabajando contigo, Él conoce tu futuro y sabe lo que tú necesitas. Cuando te adentras en la profundidad del Espíritu allí encontrarás un cambio radical que trae consigo transformación.

NOS CONFRONTA

Hoy día vemos tantas situaciones adversas que nos rodean, cómo nuestra vida se ve expuesta ante tales cosas. Por esta razón, tenemos que dedicar tiempo a pensar y meditar en lo que estamos haciendo o realizando. ¿Estás siendo del agrado de nuestro Dios? ¿Estamos nosotros tomando el lugar que nos corresponde?

En muchos casos, las situaciones no deseadas y las confrontaciones llegan a nuestra vida porque no estamos en el canal correcto. Son situaciones incómodas como, por ejemplo, no enfrentar a determinada persona o no tener ningún contacto o diálogo para evitar confrontación o cuestionamiento. Todo esto es parte del proceso llamado Madurez. Dios nos entra en la profundidad mediante la madurez, pero es ahí cuando uno experimenta los procesos más difíciles de la vida. Es ahí cuando entras en esos desiertos y a veces piensas y dices: "Esto no se lo deseo ni a mi peor enemigo". Pero los desiertos son muy necesarios, porque allí creces, maduras y, sobre todo, sales lleno del Poder del Espíritu Santo.

El ser confrontado te libera, trae perdón, cierra capítulos, cierra puertas que se habían quedado abiertas. El ser confrontado en muchos de los casos es doloroso, es incómodo y hasta vergonzoso. Pero cuando pasas por esto puedes experimentar la misericordia y el amor de Dios en tu vida.

Nos confronta de varias maneras:
- Para crecer
- Para madurar
- Para subir a otro nivel
- Para perdonar y ser perdonado
- Para trabajar con tu ego
- Para trabajar con el orgullo

Estos son los procesos a los que nos lleva Dios y nos muestra de qué manera debes trabajarlos. Nos lleva hasta desiertos que ni entendemos, en los que estamos solos. Crees que no puedes con todo lo que sientes. Crees que estás en el piso y no puedes levantarte. La confrontación es el proceso en donde Dios te hace despertar, para que seas consciente del momento que estás viviendo y lo que estás haciendo. Como ejemplo, está el pasaje de la mujer adúltera, frente a Jesús y los fariseos ya listos para apedrearla. Jesús trajo una gran confrontación y dijo: "El que esté libre de pecado, que arroje la primera piedra". Esta confrontación llevó a cada uno a soltar la piedra y dejar libre a la mujer.

> *Las situaciones no deseadas y las confrontaciones llegan a nuestra vida porque no estamos en el canal correcto.*

El mensaje de Jesús también nos confronta hoy día, en nuestra vida, en la iglesia, para reconocer que no somos perfectos, pero que debemos actuar con rectitud. A la mujer adúltera, Jesús le dice: "Ve, y no peques más".

Otro ejemplo de confrontación fue Zaqueo, cobrador de impuestos. Mediante el mismo proceso, él entendió y les devolvió lo robado a todos aquellos a quienes perjudicó. De esa forma trajo libertad a su vida.

El mayor ejemplo fue el de Jesús, en la cruz, donde preguntaba al Padre: "¿Por qué me has desamparado?". Este fue un momento duro; hubo soledad, dolor, tristeza, agonía, pero trajo libertad a un mundo que estaba en caos.

Estos procesos son parte de un crecimiento al que Dios nos lleva y en el que podemos evaluar todas las áreas de nuestra vida.

Todo esto me lleva a pensar en tantas personas que padecen situaciones adversas, que tienen grandes problemas, que a veces o nunca han querido salir de este círculo vicioso, o que no tienen el dominio propio para poder dejar este proceso, comprendiendo la libertad total a través de Cristo Jesús.

Hay algo que nos lleva a lograr una liberación en nuestro espíritu, es la humildad, lo que quiere decir es que no nos dejemos pisotear, golpear emocionalmente por otras personas porque somos humildes. Esta cualidad se refiere a que puedes dejar el ego, el orgullo a un lado y permitir que Dios obre de manera efectiva, siempre recordando que su gracia siempre está presente en nuestra vida y que podemos obtener el oportuno socorro. A veces pensamos que el ser confrontando es algo negativo pero, por el contrario, es una gran bendición y hallaremos en este estado la misericordia y el perdón. Una vez que experimentas este medio de gracia, has obtenido un galardón grande para tu vida.

Cabe mencionar que en mi labor pastoral he trabajado con procesos de confrontación de diferentes personas que han conducido a cambios muy efectivos y a resultados muy significativos. Así es Dios. Trabaja contigo, Él conoce tu futuro y sabe lo que tú necesitas y cuando te adentras en la profundidad del Espíritu allí encontrarás un cambio radical que trae consigo transformación.

Quizás estás haciendo un análisis en diferentes áreas de tu vida espiritual y emocional en el que verás la intervención divina. Después de atravesar por ese proceso, podrás entender y tu cosmovisión será diferente, desde la óptica de Dios.

Te comparto que para estar donde estoy he tenido que ser confrontado en muchas ocasiones. Ha sido una experiencia muy fuerte, pero doy gracias a Dios por estos procesos, Él permite todo con un propósito para que puedas crecer y madurar. Una noche, estando en la iglesia en la que trabajaba, el pastor me llamó frente a otra persona y me dijo lo siguiente: "Tu nunca llegarás a ser pastor, no cumples con las cualidades. No creas que yo te endosaré". Se trató de un proceso duro y difícil.

Ya puedes imaginarte cómo me sentí en este momento. Fue una confrontación. Me devasté, me sentía humillado, pero Dios trabajó conmigo. Confieso que en ese momento vinieron muchas preguntas, como: ¿Para qué voy a seguir por este camino? ¿Para qué voy a continuar tras el llamado que me hiciste, Dios, si no soy aprobado y ni aceptado? Tenía mucho dolor y vergüenza, porque me lo dijeron frente a otra persona. Ya no había validación para mí como ministro. Este tipo de confrontación tenía la intención de destruir, luego supe que había celos ministeriales. Se trató de algo difícil de creer, no obstante, es parte de lo que se vive en muchos ministerios que han estado o son confrontados y no son llamados a restaurar las almas.

Cuando estos procesos de confrontaciones son promovidos por Dios, traen paz. Ves la misericordia y, sobre todo, cómo obra su gran amor, lo que produce un crecimiento espiritual que, a su vez, suma y multiplica. Ahora bien, si es una confrontación como la que yo sufrí, lo que produce es resta y división. Debemos ser muy cuidadosos al hablar y confrontar.

> La confrontación es el proceso al que nos lleva Dios para que hagamos consciencia del momento que estamos viviendo y de lo que estamos haciendo.

Hay que hacerlo dirigidos por el poder del Espíritu Santo, pues estamos llamados a restaurar y no a destruir. En estos tiempos, Dios está levantando personas para que hagan la diferencia en muchas vidas.

Mis notas

Trae la dirección correcta a tu vida

¿Sabías que en un cementerio hay muchos sueños frustrados, metas que nunca se alcanzaron, planes que no se ejecutaron, proyectos que nunca se concretaron, profesiones que nunca se ejercieron?

Trae LA DIRECCIÓN CORRECTA A TU VIDA

Cuando buscas una dirección para llegar a algún lugar, recurres a preguntar las indicaciones correctas con detalles precisos, para no perderte y lograr llegar a tu destino.

Hay personas poco eficaces para localizar direcciones. Por más que les expliques nunca llegan, por el contrario, se pierden.

Así ocurre en nuestras vidas. Hay muchas personas que viven sin dirección, sus vidas no cobran sentido y vagan por el mundo. Esto suele suceder muy frecuentemente. Hay muchas personas que por más que los dirijas o les digas que no hagan tal cosa, la hacen. Como dice un refrán: "Nadie aprende por cabeza ajena". En otras palabras, tienen que darse contra la pared y reaccionar para saber que están en la sintonía equivocada.

Esto me resulta similar a una orquesta sinfónica en cuyos conciertos lo que se escucha es una mezcla de instrumentos fuera de tiempo, entrando y saliendo de manera incorrecta. Lo que ocurre en este caso es que el director musical no hace bien su trabajo con la orquesta. Por ende, la pieza no es bien ejecutada por los músicos.

Así sucede con nuestra vida. Estás ahora como la orquesta sinfónica, donde impera el desorden, porque el director de tu vida no es el correcto o te están desenfocando de la dirección que debes seguir. Lo que tenemos que lograr es que el director de nuestra vida sea Dios. Te da la estrategia necesaria para salir adelante. Tu vida cobrará un giro distinto en el que verás claro el propósito en ti, la razón por la que estás en esta tierra. Ahora todo cobra un sentido más contundente.

> Hay personas poco eficaces para localizar direcciones. Por más que les expliques nunca llegan, por el contrario, se pierden.

Cuando te adentras en la profundidad del Espíritu encontrarás la dirección, la guía, la brújula y el mapa para realizar todos tus sueños que, te diré, son los sueños de Dios y así, todo lo que te propongas hacer lo lograrás en el nombre de Jesús.

Actualmente hay muchas personas que andan por ahí sin un norte fijo, sino por el contrario, hacen lo que quieren, sin más ni más. Muchas personas tienen muchos sueños, pero no los realizan, porque no disponen del enfoque correcto. ¿Sabías que en un cementerio hay muchos sueños frustrados, metas que nunca se alcanzaron, planes que no se ejecutaron, proyectos que nunca se concretaron, profesiones que nunca se ejercieron? Esta imagen es fuerte pero, te pregunto: ¿Quieres seguir en este mismo proceso de dejar todo y no llevar a cabo nada y, cuando te vayas de este mundo, ser otro más como los casos mencionados del cementerio?

Te invito a que introspecciones tu vida para que puedas analizar qué dirección estás tomando, si estás dejándote llevar por el Espíritu Santo, que conducirá todos tus procesos para poder realizarlo todo en tu vida. Ten fe en que ha llegado tu momento para tomar el timón de la barca y llegar a puerto seguro. No estés divagando por ahí, dando tumbos, porque sabes que vas a vivir momentos muy intensos. Te lo digo por mi propia experiencia. A mis 15 años recibí un gran llamado pastoral. Ya a esta edad había ingresado a la universidad, pues me había enfocado en estudiar lo que siempre soñé, que era me-dicina, pero, cuando recibí el llamado, lo dejé a un lado, aunque te confieso que yo no quería ese llamado en mi vida. Estaba ensimismado en la carrera de la medicina, hasta que un día Dios me dijo: "No seguirás la carrera de medicina". Me entristecí en gran medida y me dijo: "Serás médico del alma". Solo opté por obedecer y seguir su voz que me llamaba. Dejar tus sueños y tu pasión por seguir los sueños de Dios es una vivencia a otro nivel. Hoy día puedo decir que soy la persona más agraciada y al obedecer su voz, he recibido muchas bendiciones en mi vida y en el ministerio. Por otro lado, trabajaba secularmente hasta el verano del año 2009 y ganaba un sueldo sumamente atractivo. En la empresa ocurrió un proceso de quiebra y nos despidieron a todos. Ahí también escuché la voz de Dios cuando me dijo: "Desde hoy ya no trabajarás para otro, sino para mí". Imagina cómo me sentía al perder una seguridad financiera, un trabajo estable donde creía que iba a permanecer hasta el retiro, pero no fue así, Dios tenía otros planes. En Jeremías 29:11, dice: "Mis planes para ustedes solamente yo los sé, y no son para su mal, sino para su bien. Voy a darles un futuro lleno de bienestar".

Cuando te dejas llevar por la dirección correcta guiado por Dios, llegarás al lugar seguro, a la estrategia especifica en tu vida. Doy testimonio de que hoy Dios me sorprende en cada día de mi vida. Él no te deja, suple todas tus necesidades, te cuida. Claro, cabe señalar que este es el trato que Dios tiene conmigo personalmente. Dios trabaja con cada cual según sea su necesidad y de manera individual. Pero, sea cual sea la asignación que Dios haya puesto en tu vida, hazlo con prontitud, con enfoque y en la dirección correcta, y verás que Dios te respaldará.

Mis notas

Mis notas

CAPÍTULO 6

Trae enfoque

Cuando tenemos todos
los puntos claros,
podemos adentrarnos
en el Espíritu y allí
encontraremos claridad,
visión y propósito en
neustra vida.

Trae
ENFOQUE

Enfoque = mirar hacia tu norte. Muchas personas andan por ahí dando tumbos y palos a ciegas, tratando de hacer algo, pero nunca logran nada. Por ello es que una de las áreas en la que Dios viene trabajando al ser humano, es el Enfoque.

En términos comparativos, es como cuando una persona dice que ve borroso, que no lee bien, que se le dificulta enfocar y cuando visita al oftalmólogo, le realizan una serie de pruebas y le dicen que tiene problemas de enfoque y le fabrican unos anteojos que van a resolverlo. Así pasa con nuestra vida, hay muchos distractores que te desenfocan de lo que te has propuesto realizar. Enfoque es sinónimo de Prioridades. Muchas personas no tienen claras las prioridades. He tenido que trabajar con bastantes personas cuyo problema es no

> Enfoque = mirar hacia tu norte.
> Enfoque es sinónimo de Prioridades.

lograr realizar algo en sus vidas, sus metas, logros profesionales o académicos, debido al problema del Enfoque. Los distractores son, por ejemplo, amistades, trabajo en exceso, juegos y hasta el tiempo de ocio. Todo eso te ha robado tiempo fructífero de tu vida. ¿Qué debes hacer? Analizar, evaluar y mejorar tus áreas de Enfoque, poner la lista de prioridades en claro, la cual se recomienda que sea:

1. Dios
2. Familia
3. Trabajo
4. Ministerio

Con las prioridades claras podrás cumplir a cabalidad todo en la vida, porque cuando tienes a Dios en primer lugar, lo demás va a su ritmo. Luego, la Familia es la institución divina, son las personas que estarán ahí y te ayudarán y tienes que velar por ella. Después viene el trabajo, donde estará tu sustento a la familia y puedes dar la parte de Dios por gratitud y por obediencia. Y por último y no por eso menos importante está tu ministerio. Lo realizas, pero este no se antepone a Dios y a tu familia. Esto ha pasado con muchas personas que se han desenfocado y su vida gira totalmente en torno al ministerio, algo de lo que no estoy en contra, pero sí creo en el balance. Tenemos

> Tenemos que cuidar de nuestras áreas espiritual, emocional y física, y también de nuestra familia.

que cuidar de nuestra área espiritual, emocional, física, y también de nuestra familia.

O sea, cuando tenemos todos los puntos claros, podemos adentrarnos en el Espíritu y allí encontraremos claridad, visión y propósito en tu vida.

Mis notas

CAPÍTULO 7

Trae convicción, conversión y restauración

Allí, en ese lugar,
Dios comienza a trabajar en
el alma, a traer perdón a tu
vida, a limpiarlo del pecado
que acarreas y luego hay
restauración.

Trae convicción, CONVERSIÓN Y RESTAURACIÓN

Me remito a un viejo amigo quien padecía diferentes situaciones adversas.

Era un hombre con una convicción clara de su vida espiritual, un pastor muy amado, un hombre que daba el todo por el todo, con una familia hermosa. Pero esto no fue suficiente, pues se suscitaron diferentes situaciones dentro de la vida familiar que echaron todo al piso. Sus convicciones cambiaron, su vida se tornó difícil, hubo un divorcio que causó un dolor profundo en sus hijos y en quien fuera su esposa. Aquel amigo se adentró al mundo oscuro y tocó profundo. Fue un proceso muy duro para la familia. Aquel hombre tuvo un revés en su vida y estaba tan diferente que yo ni lo reconocía. Llegó el momento en que se vio en el fondo, encarcelado del alma y físicamente. No fue hasta llegar a ese lugar del calabozo cuando pudo tener un verdadero encuentro con Dios y experimentar una real conversión. Allí, en ese lugar, Dios comenzó a trabajar en su alma, a traer perdón a su vida, a limpiarlo del pecado que acarreaba. Luego hubo restauración. Hoy es un hombre libre, lleno del amor de Cristo, un hombre que está llevando el mensaje de esperanza y de salvación a otros.

Con este caso quiero explicarte que todos necesitamos tener nuestras convicciones claras en la vida, ya que hoy hay muchas vertientes de ideologías, pensamientos y presiones de grupos.

Hablaba un día respecto al tema con un joven que tenía convicciones cristianas. Al pasar el tiempo me encontré con él y mientras hablaba me pude percatar de que su vida se tornó difícil; sufrió traición y dolor, lo que lo llevó a ver a Dios desde otra óptica y comenzó su búsqueda en otras áreas espirituales.

> A causa de nuestras acciones y decisiones torcemos el diseño de Dios

Tenemos que hacer una apologética, defender la fe cristiana y fortalecer esta área de nuestro servicio. Cada uno de nosotros puede ver que tenemos que trabajar con nuestra conversión y permitir que Dios obre en esta área en la que podamos examinar, como decía el salmista: "Examíname, oh Dios, y conoce mi corazón; pruébame y conoce los pensamientos que me inquietan. Señálame cualquier cosa en mí que te ofenda y guíame por el camino de la vida eterna". Salmos 139:23-24.

Como seres humanos debemos tener presente un aspecto muy importante y es el poder que Dios da en su aspecto espiritual para tomar la autoridad. Como hicieron la mujer del flujo de sangre, Bartimeo, el paralítico de Bethesda, los diez leprosos y muchos más que tuvieron la convicción, luego una conversión y finalmente lograron una restauración en sus vidas.

Así mismo tienes la oportunidad de poder recibir una restauración en tu vida. La restauración es reparar y reponer, en otras palabras, es que Dios va a reparar estas áreas de tí, porque tú eres una creación hecha a su imagen y semejanza y Él tiene un plan perfecto para tu vida. Sin embargo, a causa de nuestras acciones y decisiones torcemos el diseño de Dios. Es ahí donde Él entra para restaurar lo que había hecho. Esto es posible si le permites a Dios que haga la obra que Él comenzó en ti para que haya una regeneración que pueda perfeccionar para terminar su obra en tí. Cuando entras en la profundidad del Espíritu encontrarás cambios, nuevos comienzos, el plan perfecto de Dios para tí.

Mis notas

Trae sanidad y libertad

Hay personas que llevan
un dolor profundo dentro su
corazón, coraje, frustraciones,
problemas sin resolver y tienen
miedo al qué dirán. Todo esto
conlleva a la cautividad del
alma. Entiendo que una persona
sana en todas las áreas de su
vida es una persona fructífera
y que avanza.

Trae
SANIDAD Y LIBERTAD

Entrar en la profundidad del Espíritu es ingresar a la sanidad y libertad total. Muchas personas sufren de depresión y enfermedades incurables, cargan con traumas desde que estaban en el vientre de su madre, pero, al transitar por la vida, no saben el porqué de sus tristezas, dolores o complejos. Y así vienen al mundo, con esa carga que ya estaba sobre sus hombros durante el embarazo de su madre. Puede que haya sido un embarazo no deseado o que los padres quisieran un niño y nació niña o viceversa, o bien, la persona fue producto de una violación o incesto, por ejemplo. También pudo ser un embarazo bajo condiciones de maltrato físico, verbal o cualquier otra manifestación de la violencia doméstica.

Y, nacida en esas circunstancias, la persona no sabe por qué tiene complejos, cree que no vale nada, no se siente amada, presenta problemas de identidad sexual, no puede lograr nada o, como dice un refrán pueblerino de Puerto Rico, "no saca los pies del plato", en otras palabras, siempre está en situaciones complicadas; quiere ser alguien en la vida, pero no lo logra. Todo esto es parte de la naturaleza humana con la que batallamos a diario. En mi práctica de consejería pastoral me he encontrado con muchos de estos casos. Son muy tristes, pero ver cómo Dios comienza a trabajar en ellos es increíble. Más adelante contaré una de esas historias.

Vemos muchas de las personas que tienen situaciones de desempleo, dolores no enfrentados, que en su mayoría salen del alma, áreas de sus vidas que no han trabajado ni las han canalizado de una manera correcta, quizás guardando un silencio. Llevan un dolor profundo dentro su corazón, corajes, frustraciones, problemas sin resolver y tienen miedo al qué dirán, todo esto conlleva a una cautividad en el alma.

Es un área que trabajo en la pastoral. Es decir, me ocupo de saber cómo están las personas, trabajo mucho con el tema de la Sanidad Integral. Entiendo que una persona sana en todas las áreas de su vida, es una persona fructífera y que avanza.

¿Qué es una sanidad integral? Es aquella que se compone de diferentes tipos de sanidad, como lo describiré aquí:

1. Sanidad Física: tiene que ver con el área del cuerpo, con alguna condición congénita o que surgió a lo largo de la vida.

2. Sanidad Espiritual: es tener libertad total, de manera que puedas sentir completa paz en tu espíritu.

3. Sanidad Emocional: es el área de tu alma en la que puedas tener tus emociones ya estabilizadas y restauradas. Es donde puedes sentir perdón para el que te hizo daño y para ti mismo. Es enfocarte en que puedas sanar tus disturbios emocionales, tales como depresiones, esquizofrenias y bipolaridad, entre otras enfermedades.

Existen casos de personas que son sanas físicamente, pero que pueden manifestar enfermedades basadas en trastornos psicológicos o psiquiátricos, lo cual es denominado en la Psicología Fisiológica como condiciones psicosomáticas. En estos casos hay aspectos importantes en los que se puede trabajar para lograr la sanidad total.

Entiendo que una persona sana en todas las áreas de su vida es una persona fructífera y que avanza.

Te contaré algunos testimonios de sanidad que Dios obra si se le permite. Antes debo aclarar que la enfermedad del alma es más corrosiva que la física. Ahora puedes comprender por qué para mí es tan importante el cuidado pastoral, como te mencioné al principio de este capítulo.

Un hombre me llamó en una ocasión para pedirme que, por favor, le ayudase, ya que su matrimonio corría peligro. Recuerdo que, en la intervención, comenzaron a salir situaciones internas y Dios comenzó a trabajar con sus cuartos oscuros, a sanar y a liberar su vida. Al cabo de tres meses de intervención y oración Dios le trajo sanidad total. Hoy por hoy, este hombre es un pastor, tiene a su familia y está sumamente feliz.

En otro caso, vino un joven con una situación muy impactante. En la intervención pudimos constatar que había un problema grave relacionado con la pornografía, que lo llevó a un desenfreno y desajuste emocional. La familia pudo intervenir y hubo una sanidad y libertad en su vida.

Hoy ese joven ama a Dios sobre todas las cosas, hasta el punto en que ha llevado este testimonio a otros jóvenes para que puedan salir de la prisión emocional y espiritual que conlleva esta práctica.

Por otra parte, una dama que estaba en proceso de separación matrimonial vivía una situación muy difícil. Estaba sumergida en el desgano, sentía que no era valiosa, no le hallaba sentido en su vida, creía que nunca iba a levantarse. Trabajamos en su caso y hoy es una mujer feliz, aunque sigue en medio del proceso, pues no ha finalizado, pero ya es una mujer con una determinación, que recuperó sus sueños y tiene metas claras. Se siente amada y confía en su capacidad para seguir adelante.

> *Dios es un Dios de familia, restaura y sana por completo.*

Estos son casos reales en los que hemos intervenido en diversas partes del mundo porque me ha tocado trabajar en la consejería pastoral en diversos países y damos gracias por esa oportunidad.

Hoy, te invito a que puedas hallar la sanidad total. Lo he vivido en lo personal. Te contaré mi caso, que será una gran bendición para tu vida. Experimenté muy de cerca la Sanidad Familiar, ¡y de qué manera! Hoy disfruto de una buena relación con mis padres y mi familia paterna y damos gracias a Dios por sus milagros de amor, pero para explicarte cómo llegué hasta ahí, retrocederé en el tiempo.

Cuando tenía tan solo dos años mis padres se divorciaron a causa de una infidelidad. A mis ocho años vi a mi padre con su segunda esposa. Y de ahí en adelante no lo volví a ver hasta cuando tenía 15 años. Cabe destacar que durante todo este proceso mi madre nunca habló mal de mi padre y por esa razón, yo siempre quería verlo. Sentía esa necesidad y en mi corazón había gran amor hacia él.

Cuando volví a verlo, ya convertido en un adolescente universitario, estaba acompañado por su tercera esposa y su preciosa hija, mi hermanita, a quien amo con todo mi corazón. Sigue siendo bella, una princesa que me hizo tío. Ya puedes imaginarte la emoción que se siente.

El día del gran reencuentro con mi padre y su esposa, me preguntaron que dónde estaba mi madre y les comenté que estaba en su auto. Acto seguido, me dijeron que la invitara a participar en el encuentro. Cuando fui a buscar a mi mamá y le dije que la estaban convocando, su respuesta inmediata fue un "NO voy para allá". Le dije: "Mami, ven, porque ella no fue la causante del divorcio".

Fue para mí un gran reto lograr que fuera, pero lo hizo. Fue entonces cuando hubo un frente a frente y, demás está decirles que el silencio fue sepulcral.

Debo destacar que mi mamá y yo tenemos una hermosa relación con mis abuelos paternos, (aunque ya partieron de esta tierra) con la hermana de mi papá y sus hijos. Domingo tras domingo, como rutina, íbamos a la casa de mis abuelos.

Pese a todo, el día del reencuentro con mi padre y su tercera esposa comenzó la historia de sanidad. Han pasado 29 años y hoy disfrutamos de poder viajar para visitar la casa de mi padre en los Estados Unidos y estar todos juntos, en familia. Dios es un Dios de familia, restaura y sana por completo.

En otra oportunidad les contaré mi historia de sanidad y restauración.

Mis notas

Mis notas

CONCLUSIÓN

Solo puedo agregar que Dios está aquí para sanarte y restaurarte. No te quedes en el piso, echándote a morir porque piensas que no hay solución. Debo decirte que hay medicina para tu alma. Dios tiene el control, te sorprenderá y trabajará en todas las áreas de tu vida, siempre y cuando se lo permitas.

Quizás muchas veces te has preguntado por qué pido oración para sanidad y no ocurre nada en mi vida. La respuesta es que no siempre hay una sanidad inmediata, pues es progresiva. En otros casos no se produce de la manera que uno piensa, pero Dios está obrando de un modo sobrenatural. Otros dicen, cuando pierden a un ser querido, pero por qué murió y no lo sanó. Debo decirte que ahí fue donde ocurrió la sanidad total, Dios se lo llevó, sanó su alma, su espíritu y ya su cuerpo no sufre más dolor, ya está totalmente sano. Aunque físicamente no esté en medio nuestro, dale gracias a Dios porque lo sanó totalmente y hoy goza de una vida plena y libre.

Mi oración tiene la intención de que puedas disponer de un tiempo de sanidad para tu cuerpo y tu alma, para que puedas soltar todo aquello que te aqueja y dejarlo en las manos del Señor, para que puedas ser libre en Cristo Jesús, Amén.

"Hagamos fiesta en este día, porque en un día como este Dios actuó en nuestro favor". Salmos 118:24.

Nació en San Juan, Puerto Rico. Hijo de Lourdes Camacho Concepción y Antonio M. Florido Vázquez. Es un milagro viviente a quien no le aseguraban su vida, a consecuencia del Agente Naranja. Cursó estudios superiores en la Universidad Interamericana de Puerto Rico. Obtuvo créditos conducentes al Bachillerato en Ciencias Biomédicas, grado menor en Psicología y Educación. Posee un Bachillerato en Artes en Estudios Pastorales de la Universidad Teológica del Caribe. Además, créditos conducentes a la Maestría en Divinidad de la Universidad Teológica del Caribe. Cursa actualmente la Maestría en Consejería en Rehabilitación de la Universidad Central de Bayamón. Tiene una certificación y es ministro ordenado como Capellán por la International Federation of Christian Chaplaincy and Counseling. Es decano académico y profesor de dicha federación. Es consejero pastoral, conferencista y mentor. Posee certificaciones en Sanidad Sexual, Prevención del Suicidio, como Facilitador en Consejería y GPS- Guiados Para Sanar. Es pastor ordenado por ESC.A.PE Institute Of Florida. Es maestro diplomado por la Evangelical Training Association (ETA). Es misionero y pastor general de la Iglesia Cristiana Casa de Avivamiento Shalom, Inc., en Puerto Rico y supervisa otras iglesias en y fuera de la isla. Además ha participado en diversos congresos y conferencias en diversos países. Es un siervo de Jesucristo, apasionado por servir en su obra, sin importar los títulos. Sigue trabajando en la Gran Comisión.

Contacto con el autor:

Antonio M. Florido Camacho
Tel. (787)552-8685
Para conferencias y predicaciones.
Email: pastorantonioflorido@gmail.com
Facebook: Pastor Antonio Florido
Instagram: @pastorantonioflorido
Twitter: @pastorantoniofc
YouTube: Pastor Antonio Florido